# Introducción a los accidentes geográficos

Bobbie Kalman y Kelley MacAulay

Crabtree Publishing Company

www.crabtreebooks.com

# Creado por Bobbie Kalman

Para mi prima Heather Brissenden, con montañas de amor.
¡Eres la estrella de la familia!

**Editora en jefe**
Bobbie Kalman

**Equipo de redacción**
Bobbie Kalman
Kelley MacAulay

**Editora**
Robin Johnson

**Editor de originales**
Michael Hodge

**Investigación fotográfica**
Bobbie Kalman
Crystal Sikkens

**Diseño**
Katherine Kantor
Samantha Crabtree (portada)

**Consultor lingüístico**
Dr. Carlos García, M.D., Maestro bilingüe de Ciencias, Estudios Sociales
    y Matemáticas

**Coordinadora de producción**
Katherine Kantor

**Ilustraciones**
Barbara Bedell: página 13 (pez verde y blanco)
Katherine Kantor: páginas 4, 13 (pez azul), 20
Jeannette McNaughton-Julich: página 14
Bonna Rouse: página 19
Margaret Amy Salter: página 13 (pez amarillo)

**Fotografías**
© iStockphoto.com: página 5 (centro derecha), 30 (superior izquierda),
© ShutterStock.com: portada, páginas 1, 3, 4, 5 (superior e inferior derecha),
    6, 7 (superior izquierda y derecha), 8, 9, 10 (inferior), 11, 12, 13, 14, 15, 16,
    17 (excepto recuadro), 18, 19, 20, 21, 22, 23, 24, 25, 26, 27, 28, 29 (excepto
    inferior izquierda), 30, 31
Otras imágenes de Digital Stock, Digital Vision y Photodisc

**Traducción**
Servicios de traducción al español y de composición de textos suministrados
    por translations.com

**Library and Archives Canada Cataloguing in Publication**

Kalman, Bobbie, 1947-
    Introducción a los accidentes geográficos / Bobbie Kalman y Kelley MacAulay.

(Observar la tierra)
Includes index.
Translation of: Introducing landforms.
ISBN 978-0-7787-8242-1 (bound).--ISBN 978-0-7787-8259-9 (pbk.)

    1. Landforms--Juvenile literature.  I. MacAulay, Kelley  II. Title.
III. Series: Observar la tierra

GB402.K3418 2010          j551.41          C2009-902440-3

**Library of Congress Cataloging-in-Publication Data**

Kalman, Bobbie.
    [Introducing landforms. Spanish]
    Introducción a los accidentes geográficos / Bobbie Kalman and Kelly MacAulay.
        p. cm. -- (Observar la tierra)
    Includes index.
    ISBN 978-0-7787-8259-9 (pbk. : alk. paper) -- ISBN 978-0-7787-8242-1 (reinforced
library binding : alk. paper)
    1. Landforms--Juvenile literature. 2.  Earth sciences--Juvenile literature.  I.
MacAulay, Kelly. II. Title. III. Series.

GB406.K2618 2010
551.41--dc22

2009016813

## Crabtree Publishing Company www.crabtreebooks.com          1-800-387-7650

**Publicado en Canadá**
**Crabtree Publishing**
616 Welland Ave.
St. Catharines, Ontario
L2M 5V6

**Publicado en los Estados Unidos**
**Crabtree Publishing**
PMB16A
350 Fifth Ave., Suite 3308
New York, NY 10118

**Publicado en el Reino Unido**
**Crabtree Publishing**
White Cross Mills
High Town, Lancaster
LA1 4XS

**Publicado en Australia**
**Crabtree Publishing**
386 Mt. Alexander Rd.
Ascot Vale (Melbourne)
VIC 3032

# Contenido

# Cómo se ve la Tierra

Hay siete enormes zonas de tierra en el planeta. Se llaman **continentes**. Los continentes son: América del Norte, América del Sur, Europa, Asia, África, Australia y Oceanía, y la Antártida. Alrededor de los continentes hay enormes zonas de agua. Se llaman **océanos**.

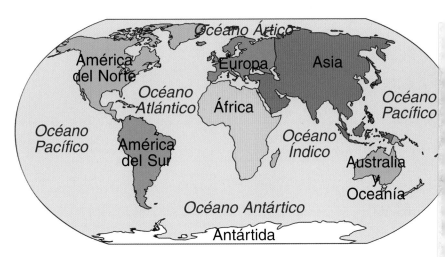

Estos niños hacen un mapa de los continentes. Nombra el continente que cada niño está pintando. Mira el mapa de arriba si necesitas ayuda. ¿Qué continente falta en el mapa de los niños?

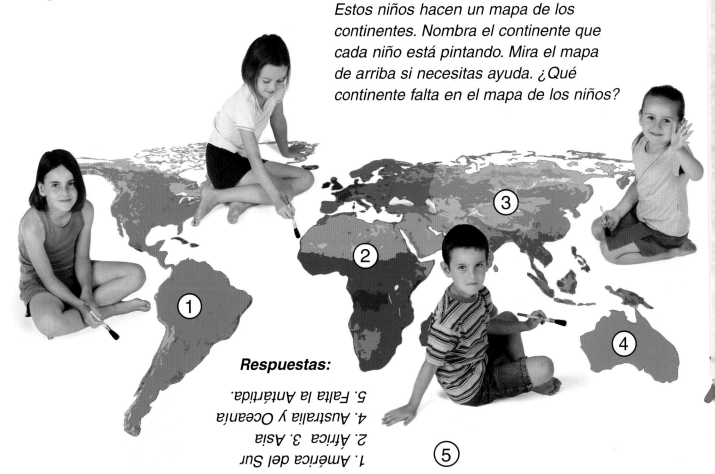

*Respuestas:*

*1. América del Sur*
*2. África 3. Asia*
*4. Australia y Oceanía*
*5. Falta la Antártida.*

## ¿Qué son los accidentes geográficos?

Los continentes son los **accidentes geográficos** más grandes de la Tierra. Los accidentes geográficos son las distintas formas de la tierra del planeta. En algunos lugares, la tierra es plana. En otros, la tierra es alta y empinada. Hay muchas clases de accidentes geográficos en la Tierra.

*Pequeños animales submarinos crearon esta **isla**.*

## ¿Qué le da forma a la tierra?

El viento, el fuego, el agua y el hielo dan forma a los accidentes geográficos. También les dan forman los movimientos de la Tierra bajo el suelo. Hasta los animales y las personas les dan forma a algunos.

*Las personas crearon estas **penínsulas**.*

*El viento y el agua dan forma a las rocas.*

*El fuego da forma a algunas **montañas**.*

*El hielo crea muchos accidentes geográficos.*

# Nuestra hermosa Tierra

Hay diferentes accidentes geográficos. Hacen que la Tierra sea interesante y hermosa. Sin accidentes geográficos, la Tierra sería igual en todos lados. Mira las imágenes de estas páginas. ¿Hay accidentes geográficos como éstos donde vives?

*Estos niños juegan en una* **playa** *de arena (ver página 8).*

*Estas personas se deslizan por una* **cascada** *en un* **cañón** *(ver páginas 10 y 22).*

*Cerca de la casa de esta niña hay **colinas**. Le encanta deslizarse por las colinas en invierno (ver página 14).*

*Este niño vive cerca de una **costa**. Está explorando una **cueva marina** (ver página 9).*

meseta

colina aislada

*Estos niños visitan un **desierto**. Aprenden sobre las **mesetas** y las **colinas aisladas** (ver página 21). Tú aprenderás sobre estos accidentes geográficos y muchos más en este libro. ¡Sigue leyendo!*

# La orilla del mar

Una costa es un accidente geográfico. Es el borde de tierra a la orilla de un océano. Las costas pueden ser muy distintas. Algunas tienen rocas con **acantilados**. Un acantilado es una roca alta y empinada. Otras costas tienen playas. Una playa es una zona de arena o **guijarros** junto al agua. El agua de muchas playas es transparente y poco profunda.

El agua de los océanos es **agua salada**, tiene mucha sal. Esta niña juega en agua poco profunda del océano en una playa.

acantilado

acantilado

Esta costa rocosa tiene acantilados altos.

# La costa y el agua

Las penínsulas y cuevas marinas son accidentes geográficos de algunas costas. Algunas costas dan distintas formas al agua que está cerca. Algunas de estas formas son las **bahías**, las **calas** y los **puertos**. Se muestran abajo.

*Una cueva marina es un gran agujero en la ladera de un acantilado. La cueva es creada por olas que golpean muchas veces el acantilado.*

1. *Una península es tierra rodeada por agua en tres lados.*
2. *Una bahía es agua rodeada casi totalmente por tierra.*
3. *Una cala es una bahía pequeña.*
4. *Un puerto es una zona de agua cerca de la costa donde los barcos están al abrigo del viento y las olas.*

# Ríos y lagos

Los **ríos** y los **lagos** son masas de agua que están en los continentes. Un río es una gran corriente de agua que fluye hacia un lago o un océano. Un lago es una masa de agua rodeada totalmente por tierra. El agua de los ríos y lagos es **agua dulce**. El agua dulce no tiene mucha sal.

*Algunos ríos tienen cascadas. El agua que cae en las cascadas corre muy rápido.*

cascada

montaña

montaña

río

*Casi todos los ríos nacen en las montañas y bajan por las laderas. Algunos caen en forma de cascadas sobre acantilados. Los ríos arrastran rocas y tierra. Con el tiempo, desgastan la tierra. ¡Hasta pueden cortar montañas! Los ríos ayudan así a dar forma a la Tierra.*

## ¿Cómo se forman los lagos?

Los lagos se forman en grandes **cuencas** de la Tierra. Una cuenca es como un tazón. Algunos lagos se forman cuando los **glaciares** se derriten. Un glaciar es un río de hielo que se mueve lentamente. Gran parte del agua de los lagos viene de ríos y arroyos. Otra parte viene de la lluvia y de la nieve que se derrite.

glaciar

montaña

glaciar

río

lago

*Cuando los glaciares se derriten, el agua baja las montañas en forma de ríos. Algunos ríos llegan a lagos.*

# Agua por todos lados

Las islas son accidentes geográficos rodeados totalmente por agua. Se encuentran en océanos, ríos y lagos. Algunas islas son enormes. Otras son diminutas. Esta pequeña isla está en un lago.

# Islas de corales

Algunas islas se forman a partir de **arrecifes de coral**. Los arrecifes de coral son enormes accidentes geográficos submarinos que están cerca de las costas. Están formados por **corales**. Los corales son el **esqueleto** o las cubiertas duras de animales diminutos llamados **pólipos de coral**. Cuando los pólipos de coral mueren, quedan los esqueletos. Estos esqueletos se acumulan y forman arrecifes de coral. Cuando surgen del agua, forman islas.

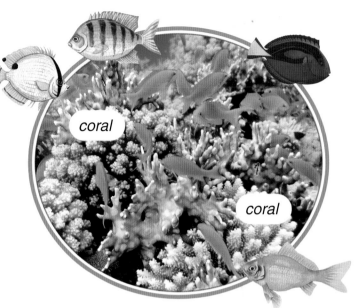

En los arrecifes de coral siempre crecen corales nuevos. Cuando mueren, el arrecife se hace más grande.

Esta isla se formó a partir de un arrecife de coral. Se ven los corales debajo del agua.

Esta pequeña isla está totalmente rodeada por arrecifes de coral. Los arrecifes están bajo el agua.

# Altas montañas

colina

montaña

¿Alguna vez has escalado una montaña? Una montaña es una zona de tierra rocosa muy alta. Es ancha en la base y estrecha en la punta. Tiene laderas empinadas. Las montañas pequeñas y no empinadas se llaman colinas.

*Esta niña escaló una montaña. La montaña es rocosa y empinada. ¿Cómo hizo para subir?*

## ¿Solas o en grupos?

Algunas montañas están solas. Una montaña que está sola no tiene otras montañas alrededor. La mayoría de las montañas están en grupos. Un grupo de montañas se llama **cordillera**. En la Tierra hay muchas cordilleras.

*(derecha) El monte Fuji es una montaña de Japón. No hay otras montañas alrededor.*

*En lo alto de las montañas hace frío. Pocas plantas y animales viven allí.*

*Hay cordilleras muy largas. La cordillera de las montañas Rocosas se extiende desde la Columbia Británica, Canadá, hasta Nuevo México, Estados Unidos.*

# Los valles abajo

Los **valles** son accidentes geográficos bajos que están entre montañas. También están debajo de las montañas. Algunos tienen laderas curvas. Tienen forma de U. Otros valles tienen laderas empinadas. Tienen forma de V. Esta imagen muestra un valle en forma de V.

# Abajo en el valle

El clima es más cálido en los valles que en las montañas que los rodean. En los valles crecen árboles, pastos y flores. También hay ríos. En los valles viven alces, conejos, ardillas listadas y halcones. Este caballo encontró alimento en un valle.

Estos alces encuentran alimento y agua en el río de un valle.

# Llanuras planas y anchas

Gran parte de la tierra del planeta está formada por **llanuras**. Las llanuras son enormes zonas de tierra casi plana. Algunas están cubiertas por arbustos o **bosques**. Los bosques son zonas con muchos árboles. Otras llanuras están cubiertas por pastos y flores. Se llaman **pastizales** o **praderas**.

*En este pastizal crecen pastos y muchas flores*

Estos ciervos viven en una llanura con bosque. Beben agua de un río que cruza la llanura.

Los conejos viven en los pastos de la llanura. Se esconden entre pastos altos.

## Buenas para la agricultura

El suelo de las llanuras es bueno para los **cultivos**. Los cultivos son plantas que la gente siembra para comer. Las llanuras también son buenas para criar animales de granja. En las llanuras hay mucho pasto para que coman las vacas, los caballos y las ovejas.

maíz

trigo

*En esta llanura, las ovejas **pastan** o comen pasto, como las vacas y los caballos.*

# Los desiertos

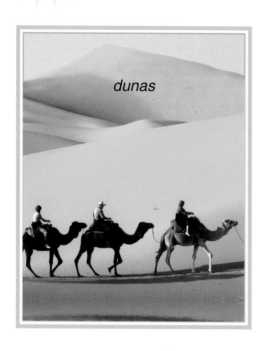

dunas

Los desiertos son zonas secas donde llueve muy poco. Allí soplan vientos fuertes. Los vientos arrastran la arena y forman montículos enormes llamados **dunas**. Las dunas son accidentes geográficos del desierto.

## Oasis en el desierto

En algunas partes de los desiertos, hay agua bajo la tierra. Cuando el agua sale a la superficie, forma un **oasis**. Un oasis es una zona del desierto donde crecen plantas.

Estas palmeras crecen en un oasis del desierto.

## Mesetas y colinas aisladas

Las mesetas son otro accidente geográfico del desierto. Son colinas y montañas con cimas planas y laderas muy empinadas. El viento sopla arena contra las laderas de las mesetas. Con el tiempo, las mesetas se vuelven muy angostas. Cuando se vuelven angostas, se llaman colinas aisladas.

*Las mesetas tienen cimas planas y laderas empinadas.*

*Estas colinas aisladas se llaman las "Tres Hermanas".*

# Cañones profundos

Los cañones también son accidentes geográficos de zonas secas. Son mucho más profundos que la tierra que los rodea. Por muchos cañones corren ríos. Los ríos desgastan las rocas de los cañones. Con el tiempo, los ríos cambian la forma de los cañones.

*El río Colorado fluye por el Gran Cañón. El Gran Cañón es un cañón enorme y ancho.*

*Algunos cañones son muy angostos. Esta niña puede tocar las dos laderas de este cañón.*

# Formas extrañas

Algunos cañones tienen **pináculos**. Los pináculos son rocas finas y altas de zonas secas. Tienen formas interesantes. Algunos parecen hongos gigantes. Otros parecen criaturas raras.

*pináculo*

*Muchos pináculos de Alberta, Canadá, parecen hongos gigantes.*

*pináculo*

*Estos pináculos están en el Valle de los Duendes, Utah. ¿Qué son los **duendes**?*

*El cañón Bryce de Utah es el lugar con más pináculos de toda la Tierra. Los pináculos se forman por el viento, el agua y el hielo. Las personas ven muchas formas en los pináculos. ¿Qué ves tú?*

# Cuevas y cavernas

Las **cuevas** son accidentes geográficos subterráneos.
Son zonas huecas dentro de la Tierra. Algunas tienen
enormes salas. Estas salas se llaman **cavernas**.
Algunas están unidas por túneles. Dentro de esta
caverna hay túneles.

*En muchas cuevas también hay lagos o ríos. En esta caverna hay un pequeño lago.*

## Formaciones rocosas

Muchas cuevas tienen **formaciones rocosas** que siguen creciendo y cambiando. Las formaciones de las cuevas están hechas de **minerales**. Algunas formaciones cuelgan del techo de las cuevas. Se llaman **estalactitas**. Otras crecen desde el suelo hacia arriba. Se llaman **estalagmitas**. Las estalactitas y estalagmitas suelen unirse. Cuando se unen, se llaman **columnas**.

*Las estalactitas y estalagmitas parecen carámbanos. Se forman con minerales del agua que se acumulan, creando formaciones rocosas duras.*

*Las estalagmitas y estalactitas de esta cueva se unieron y formaron columnas.*

*Muchos murciélagos viven en cuevas. Salen de noche para buscar alimento.*

25

# ¿Qué es un volcán?

Un **volcán** es una abertura en la superficie de la Tierra. Algunos son **activos** y otros son **latentes** o inactivos. Un volcán activo todavía entra en **erupción** o explota. Despide humo, cenizas y **lava** por su abertura. La lava es roca líquida caliente. Después de salir del volcán, la lava se seca y se endurece. Cada vez que un volcán entra en erupción, la lava seca se acumula. El volcán se hace cada vez más grande.

*Este volcán está en erupción. La lava caliente desciende por las laderas del volcán.*

abertura

lava

## Montañas de lava

La lava seca puede acumularse tanto que forma una montaña. Algunos volcanes entran en erupción todos los días y las montañas siguen creciendo. Los volcanes que entran en erupción bajo el agua también se vuelven montañas. Crecen hasta que las cimas salen a la superficie del agua. Estas cimas se convierten en islas.

*Estas montañas se formaron con lava seca.*

*La isla Wizard es un volcán que se formó en el agua. Está en un lago de Oregón.*

# Preguntas

Responde a estas preguntas para saber cuánto aprendiste sobre los accidentes geográficos. Une la imagen correcta con cada pista. Las respuestas están en la página siguiente.

A. pináculo

## ¿Qué accidente geográfico...

1. despide roca líquida caliente?

2. tiene agua en el borde y puede ser rocoso o arenoso?

3. se forma con animales marinos muertos llamados pólipos de coral?

4. es una gran sala subterránea?

5. es más profundo que la tierra que lo rodea?

6. tiene arena o guijarros cubiertos por agua poco profunda?

7. tiene agua en tres lados?

8. es más alto que una colina?

9. es principalmente tierra plana?

10. es una roca con una forma rara?

B. playa

C. península

D. costa

E. isla

F. cañón

G. caverna

H. llanura

I. montaña

J. volcán

**Respuestas:**   1-J; 2-D; 3-E; 4-G; 5-F;
6-B; 7-C; 8-I; 9-H; 10-A

29

# Imágenes de paisajes

¿Eres artista? Muchos artistas pintan **paisajes**. Un paisaje es cómo se ve la tierra. Un paisaje puede tener diferentes accidentes geográficos. Pinta un paisaje que muestre algunos accidentes geográficos sobre los que has leído en este libro. ¡Diviértete!

*El paisaje de esta joven pintora tiene un lago, un río y algunas montañas. Nombra cuatro colores que usó para pintar su paisaje.*

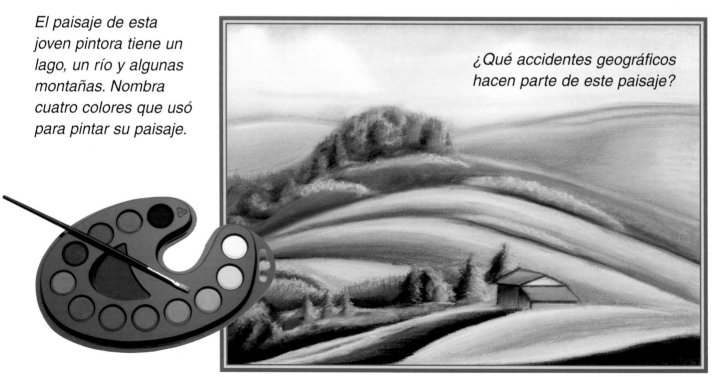

*¿Qué accidentes geográficos hacen parte de este paisaje?*

Si lo prefieres, puedes tomar fotografías de paisajes. Busca los que tengan dos o más accidentes geográficos. La imagen de abajo tiene varios accidentes geográficos. Busca formas y colores interesantes en los paisajes. Puedes pintarlos después de tomar las fotos. ¡Cuelga tus fotos o pinturas y disfruta de mirar la belleza de nuestra Tierra!

península

puerto

cala

playa

# Palabras para saber

**Nota**: algunas palabras en negrita se definen cuando aparecen en el libro.

**acantilado (el)** Roca alta y empinada en una costa

**cañón (el)** Valle profundo con laderas empinadas

**cascada (la)** Lugar en donde un río cae por un acantilado empinado

**colina (la)** Zona de tierra elevada con laderas en pendiente

**colina aislada (la)** Colina alta y angosta con una cima plana y laderas empinadas

**costa (la)** Tierra que está junto a un océano

**cueva marina (la)** Agujero grande en la ladera de un acantilado junto a un océano

**desierto (el)** Zona seca de tierra donde crecen pocas plantas

**duende (el)** Criatura imaginaria pequeña y fea

**formación rocosa (la)** Roca con forma inusual

**guijarro (el)** Piedra pequeña y lisa

**isla (la)** Porción de tierra rodeada totalmente por agua

**meseta (la)** Colina o montaña ancha con una cima plana y laderas planas y empinadas

**mineral (el)** Sustancia inerte sólida que se encuentra en la naturaleza y ayuda a que las plantas y animales crezcan

**montaña (la)** Zona muy alta de tierra rocosa con laderas empinadas

**península (la)** Zona de tierra rodeada por agua en tres de sus lados

**playa (la)** Tramo de arena o guijarros que está en el borde de una masa de agua

# Índice

Impreso en China — CT